AF247317

DISCOURS

PRONONCÉ PAR

Le T. R. P. MONSABRÉ

des Frères Prêcheurs

A LA

BÉNÉDICTION DE L'ÉGLISE DU VŒU NATIONAL

A MONTMARTRE

Le 5 Juin 1891

PORTRAIT DU P. MONSABRÉ

PRIX .		PRIX :
75 Centimes		75 Centimes

PARIS

P. LETHIELLEUX, ÉDITEUR

10, RUE CASSETTE, 10

LE T. R. P. J.-M.-L. MONSABRÉ

T. R. P. J.-M.-L. MONSABRÉ

LE
ROI D'AMOUR

DISCOURS

POUR

LA BÉNÉDICTION DE L'ÉGLISE DU SACRÉ-CŒUR

A MONTMARTRE

Ipse est pax nostra.... interficiens
inimicitias in semetipso.

PARIS

P. LETHIELLEUX, ÉDITEUR
10, RUE CASSETTE, 10

1891

LE ROI D'AMOUR

Éminentissimes Seigneurs,

Messeigneurs,

Mes Frères,

Depuis bientôt vingt ans nous attendons la bienheureuse fête qui nous rassemble aujourd'hui dans ce nouveau temple. Un illustre et vénérable prélat, dont la mémoire est chère à ce diocèse et à toute l'Église de France, l'a préparée avec un pieux amour et une patiente sollicitude, et j'ai eu l'honneur, vous devez vous le rappeler, d'être publiquement son interprète pour proposer à la France entière un vœu national, et son inscription au frontispice d'un monument destiné à en perpétuer le souvenir. Ce vœu le voici : « *Christo ejusque Sacratissimo Cordi Gallia pœnitens et devota.* Au Christ et à son Sacré Cœur la France pénitente et consacrée. »

Quelles étaient alors nos espérances ? — Hélas ! nous avions hâte de sortir du profond abîme d'humiliation et de misère où nous avaient plongés la guerre étrangère et la guerre civile, et nous pensions que Dieu, touché d'une promesse solennelle exprimant à la fois notre repentir et notre amour, daignerait jeter sur nous un regard de miséricorde et nous rendre promptement, avec la paix, l'honneur et les vertus d'une nation très chrétienne.

Eh bien, non. Après vingt ans, notre état semble pire qu'au lendemain de nos malheurs. Au dedans, les divisions et les querelles de partis, l'exploitation gloutonne et malhonnête du pouvoir et de la fortune publique, la persécution haineuse du Christ et de son Église, l'étouffement graduel et savamment calculé des plus saintes et des plus chères libertés, de larges voies ouvertes à la licence de l'impiété, du libertinage et du crime : et cela sous les yeux d'une masse de conservateurs inertes, qui craignent, en se concertant pour la défense des grands intérêts religieux, nationaux et sociaux, de déranger leurs petites affaires et leurs plaisirs ; sous la poussée d'un prolétariat famélique, que l'oppression d'un travail sans pitié et sans merci a exaspéré, et qui rêve une tempête sociale au risque de s'y noyer. Au dehors, la haine et le mépris des nations ennemies, qu'inquiètent nos armements ruineux et nos agitations politiques, que réjouit le travail insensé de notre décomposition et qui n'attendent qu'un prétexte pour en finir avec nous.

N'avons-nous donc fait auprès de la miséricorde de Dieu qu'une tentative inutile, et nous a-t-il abandonnés ?

Gardons-nous de le croire, mes frères. Ce n'est pas la première fois que Dieu retarde l'heure de sa miséricorde. Il a suspendu pendant plus de quarante siècles l'accomplissement de la promesse, qu'il avait faite à notre premier père, de sauver l'humanité pécheresse, attendant la plénitude de nos maux et de nos désirs pour introduire dans le monde son Verbe Rédempteur. N'avait-il pas le droit de retarder notre salut, et d'éprouver, par ce retard, la sincérité de nos vœux ? Si l'église, dans laquelle nous chantons aujourd'hui la gloire du Christ et de son Sacré Cœur, n'eût été que le monument de notre reconnaissance, notre légèreté l'eût peutêtre oubliée dans ses fondements. Dieu a voulu qu'elle fût le monument de nos désirs, et la voilà debout au sommet de cette sainte colline, dominant de près la ville tumultueuse qui s'agite à ses pieds, et, de loin, le pays que déshonorent tant d'actes impies et que troublent tant de passions malsaines. Montmartre d'un côté, la France de l'autre, nous pouvons espérer que *ceci sauvera cela.*

« *Levate capita, quoniam appropinquat redemptio*

vestra : France, relève la tête, parce que ta rédemption est proche. » Grâce aux largesses de la piété chrétienne, le palais du roi d'amour est prêt; sur chacune de ses pierres on peut lire : Amour et sacrifice. Venez, Christ béni, entrez dans votre demeure, installez sur son trône le Cœur Sacré qui doit répandre sur nous ses grâces et nous donner les grandes leçons d'amour dont nous avons besoin pour coopérer à l'œuvre de notre restauration. Vous l'avez dit vous-même : Toute la loi est contenue dans ces deux commandements, que pour notre malheur nous avons oubliés : Aimer Dieu, aimer les hommes; voilà ce que je veux dire avec vous. Bénissez ma parole, ô divin roi ! afin que je puisse faire comprendre au peuple qui m'écoute, à mon pays tout entier, que vous voulez régner sur nous par l'amour, et qu'il n'y a de salut pour nous que dans l'amour dont votre cœur est à la fois le provocateur, le modèle et le consommateur.

I

Aimer Dieu, c'est le devoir de l'homme, parce que l'homme, créature intelligente, est seul capable de comprendre que le premier être est la souveraine beauté, et mérite, à ce titre, le suprême hommage de tous les cœurs ; bien plus encore, parce que l'homme, en toute sa nature, est l'œuvre d'une bonté infinie qui s'est montrée prodigue de bienfaits.

Aimer Dieu, c'est le devoir du chrétien, parce que le chrétien est le prix des humiliations, des souffrances et de la mort du propre Fils de Dieu, immolé pour le salut du genre humain ; parce que le chrétien racheté a reçu dans son âme une vie nouvelle qui le transforme et le divinise ; parce que le chrétien surnaturellement engendré par Dieu peut aller puiser, à chaque instant, aux sources de grâces qui le guérissent de ses maux, l'illuminent, le fortifient, le perfectionnent et le préparent à l'ineffable bonheur de voir Dieu, de posséder Dieu, de vivre en Dieu et de Dieu pendant l'éternité.

Aimer Dieu, c'est, j'ose le dire, notre devoir national, parce que, plus que tous les peuples, nous avons été l'objet des attentions de la Providence. Laissez-moi vous rappeler ces attentions dont je vous ai déjà parlé lorsque je vous demandais une amende honorable et un vœu. « Dieu nous a comblés de ses biens. Il nous a donné le fortuné pays où rien ne manque pour faire un peuple heureux et prospère, la France, qu'on a appelée le plus beau des royaumes après celui du Ciel. — Il nous a prodigué toutes les gloires : gloire de la législation, de la magistrature et des armes; gloire de la science, des lettres et des arts; gloire du dévouement, de l'apostolat et de la sainteté. — Il nous a délivrés plusieurs fois du péril de mort, et quand la valeur des hommes ne répondait pas à ses desseins miséricordieux, il faisait des miracles et humiliait nos ennemis devant une fille des champs. — Il n'a point permis que nous fussions détachés, comme tant d'autres peuples, du corps de son Église, par le schisme et l'hérésie, et à l'heure où nos autels renversés par l'impiété gisaient près d'un trône treize fois séculaire, il a suscité pour les relever le plus grand capitaine des temps modernes. — Il nous a demandé des services d'ami qui ont mérité à la France, avec l'admiration et la reconnaissance du monde catholique, les titres de nation très chrétienne et de fille aînée de l'Église. — Souvent il nous a envoyé sa très sainte Mère pour nous consoler, nous encourager, nous avertir, nous reprocher nos fautes, nous inviter à la pénitence. Partout nous rencontrons des monuments qui nous rappellent ses apparitions bénies. Enfin c'est à nous qu'il a montré le Cœur de son divin Fils et qu'il a promis le triomphe de son amour. »

Il semble, mes frères, qu'un immense cri de reconnaissance et d'amour devrait répondre à tant de bienfaits. Mais non : hommes, chrétiens et Français, nous sommes ingrats. Votre fidèle amour proteste, sans doute, contre les défaillances du cœur qui nous déshonorent, et cette église votive, que des milliers de dons ont édifiée, témoigne que vous n'avez pas perdu le souvenir de l'amoureuse bonté de Dieu ; mais autour de cette église, autour de vous, quel oubli !

La France, depuis un siècle, a rompu le pacte sacré qui l'unissait à Dieu. Baptisée après une miraculeuse victoire, elle était fière de son baptême et se plaisait à servir la cause du roi des rois. Un jour même, l'héroïque vierge qui la sauvait de la mort osa demander au roi Charles VII le don de son royaume pour prix de ses services. Le roi, étonné, le lui donna après quelque hésitation, et Jeanne d'Arc, l'ayant accepté, voulut que l'acte de donation fût dressé par les quatre secrétaires du roi. Après que l'acte fut signé, Jeanne donna la France à Dieu et rappela au roi qu'il n'était plus que le lieutenant du roi du ciel devenu roi de France. Nos rois ne comprirent pas bien cette nouvelle et glorieuse investiture, mais, encore, se souvenaient-ils que la France était un royaume chrétien dont les lois, les coutumes, les institutions politiques et sociales devaient être pénétrées de l'esprit du Christ. Cherchez maintenant cet esprit dans la France nationalement déchristianisée, vous ne le trouverez plus. Engouée des droits de l'homme, elle a oublié les droits du roi suprême, et l'impiété, âpre à la destruction de nos religieux souvenirs, en a fait disparaître jusqu'à la dernière trace. Finalement, elle a signifié à Dieu qu'on ne le prierait plus, parce qu'on n'a plus besoin de lui.

Il n'y a plus de France chrétienne! Mais, au moins, il y a encore des chrétiens en France. Hélas! quels chrétiens! Quand vous aurez mis à part le trop petit nombre d'âmes fidèles qui se souviennent pratiquement de leur baptême, vous n'aurez plus sous les yeux qu'une foule immense de gens qui ne savent plus ce que c'est que de vivre surnaturellement et qui n'ont plus gardé des habitudes chrétiennes, si toutefois ils ne les ont pas totalement répudiées, que de rares actes religieux imposés par les convenances et la routine. Combien qui vivent éloignés des sacrements, sources de la grâce ? Combien qui ont déserté nos temples et qu'on ne voit plus près de l'autel, centre du culte que l'humanité chrétienne doit à Dieu! Combien qui ne tiennent plus aucun compte des lois évangéliques et des préceptes de leur sainte mère l'Église ! Combien qui ne se rappellent plus que le Christ a possédé leur âme et qu'il ne peut y avoir de salut qu'en lui ! Combien qui ont perdu la notion de sa divinité ! Combien qui, sciemment et volontairement, le ravalent à la condition d'un sage vulgaire, dont on peut juger la doctrine et mépriser l'autorité.

Encore, s'il restait beaucoup d'âmes naturellement religieuses et pénétrées de la croyance en Dieu et en sa providence ! Mais non. On ne cesse d'être chrétien que pour se livrer au culte des idoles qui ont remplacé l'Olympe des païens. Les honneurs, la richesse, le bien-être, le plaisir recrutent des milliers d'adorateurs dont l'âme ne s'élève jamais au-dessus de cette misérable terre, et ne va jamais plus loin que le temps présent : êtres matérialisés, qu'on voit vivre et mourir sans Dieu.

Et cet oubli de Dieu n'est pas encore le comble de nos fautes. Nous sommes allés jusqu'à la méconnaissance de Dieu, jusqu'au mépris formel, jusqu'au blasphème. Le blasphème ! le plus grand des crimes ! Car s'il est un ordre et une grandeur dans le mal, saint Thomas a bien dit : « L'infidélité étant le plus grand des péchés, combien plus grand est le blasphème qui en est l'expression et qui l'aggrave. » Le blasphème peut s'appeler, par rapport aux autres péchés, un péché générateur. Il a commencé la longue série des prévarications commises depuis l'origine des siècles, dans le ciel et sur la terre. Le cri de Lucifer emporté par son orgueil vers le trône de Dieu : « Je monterai, et je serai semblable au Très-Haut, » c'était un blasphème. Le cri que poussera la race des pervers éternellement broyée dans les étreintes de la justice divine, ce sera un blasphème. Péché générateur de tous les maux, il en est la consommation, et déjà on peut l'appeler, dans le cœur et sur les lèvres de l'impie, un péché de réprouvé.

Eh bien ! vous ne l'ignorez pas, mes frères, notre siècle est un siècle de blasphémateurs. Je ne parle pas de ces blasphémateurs vulgaires qui profanent journellement le saint nom de Dieu, ni de ces lâches qui, sous les coups de la douleur, suspectent et accusent ses perfections infinies, mais de ceux qui, sous le couvert de la science, insultent les plus saintes vérités. Dieu, sa providence, ses œuvres, son Fils, son Église, ils n'ont rien épargné. On les a entendu dire : « La science suppose qu'il n'y a pas d'être libre supérieur à l'homme. — Dieu n'est qu'une hypothèse. — Il n'y a pas plus de Dieu dans le monde que d'âme dans l'homme. — Dieu n'est pas encore, il se fait. — Il n'y a pas en Dieu de perfection absolue, car la perfection absolue serait le néant. — Le Dieu du christianisme s'en va et se fond à vue d'œil. — L'humanité se substitue à Dieu. — Elle devient sa providence. — Dieu n'a pas fait l'homme : l'homme est un perfectionnement de l'animal, son âme est une fonction du système nerveux, et sa pensée est inhérente à la substance cérébrale. — L'immortalité de l'âme est un non-sens. — La morale n'a d'existence que dans l'humanité. — L'homme fait la sainteté de ce qu'il croit, comme la beauté de ce qu'il aime. — Le vice et la vertu sont des produits comme le sucre et le vitriol. — Jésus-Christ n'est qu'un moraliste aimable, habile et peu sincère. — Ce qui a fait sa grandeur aux yeux de ses contemporains et de ses premiers adorateurs est pour nous une tache dans son idéal. — Son Évangile n'est que le testament d'une société agonisante. — Ses dogmes ont fait leur temps. — Sa religion tombe en lambeaux. — Son Église est une ennemie systématique des lumières et du progrès ; il faut mettre à exécution contre elle la grande pensée du siècle passé : « Écrasons l'infame ! »

Voilà les blasphèmes du siècle ! Vous les avez entendus, ils sont écrits partout. Et l'on croit pouvoir dire ou laisser dire impunément de pareilles choses ? Oh ! non, mes frères : les blasphèmes de la libre-pensée tombent sur la foule comme les torrents furieux que l'orage a grossis, et dévastent les âmes. Ceux qui ne font pas de science, et même les plus petites gens, sont meilleurs logiciens qu'on ne pense. Ils ont peu d'estime et peu de goût pour l'impertinence des messieurs qui leur enseignent l'erreur, mais ils savent tirer les conséquences pratiques de leurs impiétés, et s'en faire des armes quand le moment est venu.

Hélas ! nous y sommes. Du haut en bas de la société, les mœurs se ressentent de la perversion des doctrines. Le peuple, surtout, lassé de ses humiliations et de ses souffrances, qu'on a faites sans espoir, traduit par des actes les blasphèmes qui ont tué la foi dans son cœur. On a blasphémé l'Église, il n'écoute plus sa voix maternelle ; on a blasphémé l'Évangile, il méprise ses enseignements ; on a blasphémé Jésus-Christ, il rougit de porter son nom ; on a blasphémé la Providence, il s'abandonne à la fatalité ; on a blasphémé l'âme, il n'aspire qu'à remplir sa chair de jouissances. On a blasphémé la vie future, il veut être heureux tout de suite ; on a blasphémé la règle des mœurs, il n'écoute plus que ses instincts ; on a blasphémé la vertu, il laisse pousser tous ses vices ; on a blasphémé Dieu, il est tout prêt à se mettre à sa place, à faire, sur les propriétés qu'il convoite et sur les vies qui le gênent, acte divin de justicier et de vengeur, et alors on verra se réaliser la vision du prophète : « Puissance a été donnée à la bête sur toute tribu, toute société, toute langue, toute nation. »

Laisserez-vous faire, ô mon Dieu ? Serait-il vrai que vous allez nous abandonner, pour nous punir d'avoir payé votre amour de tant d'ingratitude ? — Oh ! non, je ne puis pas le croire, puisque vous avez bien voulu nous permettre de construire ce temple où le Cœur de votre Fils va tenir une royale école d'amour divin. C'est nous qui l'avons appelé sur cette sainte colline pour que vous y soyez aimé comme vous méritez d'être aimé. C'est au nom de la France pénitente et dévouée qu'il doit vous rendre les hommages d'adoration et d'expiation que vous attendez de vos misérables enfants. Roi de justice, vous laisserez tomber vos armes vengeresses au pied du trône du roi d'amour.

Il faut des actes divins pour réparer d'une manière digne de Dieu l'ingratitude d'un pécheur qui a cessé de l'aimer, combien plus, mes frères, pour réparer l'ingratitude d'un grand peuple. Mais, soyez tranquilles, il y a dans le Cœur de Jésus-Christ des torrents d'amour qui jaillissent jusqu'au lieu sacré où s'allument les colères d'un Dieu outragé, pour les apaiser et les éteindre. La grande voix de ces eaux mystérieuses étouffent le bruit de nos blasphèmes, et leurs flots propices couvrent la multitude de nos péchés.

Entrez, je vous prie, entrez dans le Cœur divin que vous avez appelé au secours de votre indignité et de votre impuissance. Quelles adorations! Il est uni au Verbe de Dieu, et prend dans cette union une grandeur infinie; mais plus il est grand, plus il se fait petit, pour mieux exprimer son anéantissement d'adorateur, devant la très haute Majesté de celui dont l'Écriture a dit : « Il n'y a que toi qui es : *Tu qui solus es.* » Inondé de sa gloire, il lui rappelle qu'il est sorti du sang de l'humanité pécheresse ; qu'il a passé par les humiliations de la crèche ; qu'il a subi pendant trente ans l'épreuve d'une vie obscure et d'une condition vulgaire où le travail de chaque jour luttait contre la pauvreté ; qu'il a été en butte à la haine et au mépris des hommes ; qu'il a rempli sa vie mortelle de cris et de larmes pour exprimer son profond respect ; qu'il est mort dans la honte et l'abandon ; qu'il a été obligé d'emprunter un sépulcre pour son corps détaché de la croix ; enfin, que, voulant adorer dans l'anéantissement, jusqu'à la fin des siècles, il a couvert d'un voile sa chair glorifiée et emprisonné sa toute-puissante activité dans de fragiles espèces.

Adorateur anéanti, ce Cœur divin ne s'est pas contenté d'exprimer par ses agitations saintes son amour passionné de l'honneur de Dieu, il a voulu lui rendre, en qualité de victime, l'hommage de l'expiation. Tout le sang généreux qui l'a fait battre pendant les trente-trois années de sa vie mortelle, il l'a répandu jusqu'à la dernière goutte pour réparer nos crimes et laver nos souillures : répandu à la grotte de Gethsémani dans les mortelles angoisses de son agonie, répandu au prétoire, sous les coups des verges meurtrières, et sous la pointe des cruelles épines qui perçaient son front, répandu sur le chemin du Calvaire, dans de douloureuses chutes, répandu au pied de la croix sous la lance qui l'a traversé ; et maintenant encore, sur tous les autels où se renouvelle mille et mille fois par jour son sacrifice, on entend une voix qui dit à la justice de Dieu : « Voici mon sang, mon sang répandu pour la rémission des péchés. »

O Dieu ! Vous allez donc entendre tous les jours dans ce temple béni la voix du Cœur de votre Fils bien-aimé ; tous les jours vous aurez sous les yeux cette victime adorable. N'est-ce pas assez pour vous décider à la miséricorde et au pardon ? — Eh bien, non. Jésus ne doit pas être seul en face de votre majesté outragée et de votre menaçante justice, il faut que les coupables viennent se grouper autour de l'innocent. Car vous l'entendez bien, mes frères, les adorations et les expiations du Sacré Cœur ne peuvent réparer nos oublis, nos ingratitudes, nos blasphèmes et tous les crimes de nos convoitises qu'à la condition que nous les aurons faites nôtres. Dans le palais que nous avons bâti et dédié à son Sacré Cœur, Jésus n'est pas un simple messager, c'est un roi d'amour qui nous appelle autour de lui pour faire violence au ciel. Il n'accapare pas l'office de notre amour repentant, mais il le provoque, il lui sert d'exemple, il l'aide et le consomme ; il nous dit à tous : Aimez avec moi et comme moi.

Venez donc, chrétiens, venez à la sainte colline, et que vos rangs, grossis chaque jour par de pieux entraînements, y amènent la France tout entière. Venez entendre la voix de votre roi qui vous invite à la conquête de la miséricorde divine ; venez apprendre de lui ce que vous devez à Dieu d'humbles hommages et de douloureux sacrifices pour apaiser son courroux ; venez prendre part aux anéantissements, aux angoisses, aux souffrances du Cœur de Jésus, et montrer à son Père que vous avez horreur de l'indifférence et de l'impiété qui insultent à sa très haute majesté, que vous détestez l'orgueil, la cupidité, la mollesse, les impuretés qui outragent son infinie sainteté. Enfin, unissant vos voix à celles du divin précenteur de votre amour repentant, dites avec lui : « Pitié, Seigneur, pitié pour votre peuple. Pardonnez-lui : *Parce, Domine, parce populo tuo.* »

Ce premier devoir accompli, vous aurez arrêté les coups de la justice divine, et vous serez prêts au second amour dont il me reste à vous parler, et qui doit achever notre salut et notre régénération.

II

Vous avez vu, mes frères, ces eaux jaillissantes que l'on va prendre à de grandes profondeurs. Elles s'élèvent en gerbes impétueuses vers le ciel et retombent en pluie bienfaisante sur la terre pour la rafraîchir et la féconder. Tel l'amour qui jaillit du Cœur Sacré de Jésus. Il monte jusqu'au trône de Dieu pour rendre hommage à sa très haute majesté et apaiser sa justice, entraînant avec lui l'amour pénitent des vrais adorateurs; il redescend sur la terre et nous y ramène pour consoler et restaurer l'humanité par une opulente germination d'œuvres d'amour. « Vous irez puiser l'eau aux fontaines du Sauveur, » disait le prophète : « *Haurietis aquas de fontibus Salvatoris.* » La fontaine ouverte, en nos derniers temps, c'est le Cœur de Jésus, tout plein de l'amour réparateur dont nous avons besoin pour conjurer la dissolution d'une société que les passions divisent.

J'entends de tous les côtés des appels à l'union, mais comment l'union serait-elle possible, quand il n'y a plus d'amour ? Les deux grands commandements de la loi se tiennent, dès qu'on cesse d'aimer Dieu on cesse d'aimer les hommes comme il faut les aimer : la haine et l'égoïsme ont le champ libre pour travailler à la destruction d'un peuple.

Voyez l'impie, il ne peut plus souffrir qu'on lui rappelle le Dieu qu'il renie et qu'il blasphème. Il voudrait, s'il le pouvait, non seulement supprimer son culte, mais faire oublier son nom. Il conspire contre lui dans l'ombre tant qu'il se sent faible ; dès qu'il se sent fort, il persécute. Est-il une société religieuse qui enseigne et commande au nom de Dieu, qui revendique, titres en mains, l'insigne honneur de diriger les âmes et de les conduire à l'éternelle vie où Dieu les attend ? L'impie suspecte et calomnie ses intentions, s'efforce d'étouffer sa voix, de contrarier son action, de ruiner son influence, de l'affamer, de tarir les sources où elle se renouvelle. Il espère arriver lentement et sûrement à l'écraser, et ce lui serait une double joie s'il pouvait la déshonorer avant d'en finir avec elle. Dans les mesures qu'il prend pour se débarrasser du souvenir et de l'idée de Dieu, on sent la haine de l'esprit maudit qu'une grande sainte a si justement et si énergiquement défini en ces termes : « Il est celui qui hait, celui ne peut plus aimer. »

Et cette haine va si loin qu'elle est sans pitié pour l'innocence et la faiblesse. Elle s'empare de l'enfance au mépris des droits sacrés de la famille, elle la séquestre en des écoles où l'on se tait systématiquement sur les vérités les plus nécessaires à une première éducation, les vérités divines, qui préparent les jeunes âmes à la vie religieuse et morale, elle compte former ainsi des générations sans Dieu et peupler le pays de ces générations jusqu'à l'étouffement de celles qui tiennent encore à leurs croyances.

Je n'ai pas besoin de faire d'applications, mes frères, elles se font toutes seules. Vous entendez, chaque jour, autour de vous, les protestations et les gémissements de l'Église, des familles chrétiennes et des honnêtes gens qui souffrent dans leurs libertés saintes, et ont peine à s'empêcher de haïr l'impiété qui les vexe et les opprime.

Mais écoutez : Il est une cause de nos divisions, plus active, plus féroce et plus dangereuse peut-être que la haine de l'impiété : c'est l'égoïsme, l'égoïsme monstrueux de ceux qui n'ont oublié Dieu que pour devenir leur propre idole, et se rendre eux-mêmes le culte du bien-être et du plaisir. Tourmentés du besoin d'avoir promptement et beaucoup, pour jouir plus vite et sans retenue, ils remplacent les préceptes naturels de la justice et du commandement évangélique de l'amour des hommes par ces odieuses maximes : — « Tout ce qui réussit est bon, — chacun pour soi. » — De là les entreprises déloyales, les spéculations véreuses, les jeux fiévreux, où s'engloutit la fortune des dupes au profit des dupeurs. Plus de considération pour les conditions humiliées, plus de pitié pour les classes laborieuses et souffrantes, mais l'exploitation impudente et impitoyable des forces humaines. Des générations misérables et sans lendemain sacrifiées à la production hâtive de fortunes immorales, toutes consacrées au faste, au bien-être, aux plaisirs de consommateurs sans entrailles. Affreux scandale qui gagne de proche en proche, et finit par gâter même ceux qui n'ont point oublié qu'il y a une Providence pour tout le monde, un Christ en qui nous sommes tous frères, une loi évangélique qui commande la charité. « Tant il est vrai, dit un saint docteur, que les cœurs religieux eux-mêmes ne peuvent pas toujours se défendre de la corruption du monde : *De mundano pulvere necesse est etiam religiosa corda sordescere.* »

Voilà donc la société divisée en deux castes : en haut, l'égoïsme qui opprime pour jouir ; en bas, la misère qui se sent opprimée et qui se lasse d'un travail sans justes compensations pour le présent, sans promesses pour l'avenir ; la misère qui demande grâce pour ses forces défaillantes, grâce pour la faiblesse des femmes et des enfants, grâce pour son foyer sans repos et sans joies ; la misère qui ne sait plus regarder le ciel, ni compter sur la paix des jours éternels, parce que des doctrines perverses l'ont corrompue ; la misère qui cherche à se consoler dans l'abjection du vice ; la misère qui sent gronder dans son cœur une haine pleine d'envie contre ceux qui possèdent et qui jouissent; la misère qui tâte ses bras fatigués et qui leur demande s'ils ont encore assez de force pour jeter à bas les fortunes insolentes créées à ses dépens.

O Jésus! roi d'amour, il est bien temps que vous veniez nous rappeler les sublimes leçons de votre Cœur qui a tant aimé les hommes. C'est pour cela que la piété de vos enfants a bâti ce temple où vous allez tenir école de la vertu unitive dont notre malheureux pays a si grand besoin. Vous y viendrez à cette école, mes frères, et après avoir reçu les instructions et les ordres de votre roi d'amour, vous marcherez, sous son étendard, à la conquête de tous les cœurs.

N'est-ce pas lui qui a dit : « Vous aimerez le prochain, — aimez-vous les uns les autres ? » C'est chose difficile à la nature, et qui semble une nouveauté dans un temps où triomphent la haine et l'égoïsme, mais c'est mon commandement : *Hoc est præceptum meum.* Aimez même vos ennemis et ceux qui vous haïssent. — Aimez jusqu'à dépenser et donner votre vie; c'est la suprême manifestation de l'amour.

Provocateur de l'amour, il en est le modèle; ce qu'il a dit, il l'a fait. Il a passé sa vie à aimer et à répandre autour de lui le bien, poussant à l'extrême la libéralité et la miséricorde, étendant son ministère sacerdotal et sa royale puissance à tous les besoins de l'humanité, ajoutant à la dispensation de la grâce et des mystères divins la dispensation de tous les bienfaits par lesquels la Providence vient en aide à nos misères, couronnant son œuvre principale et intime, qui est le salut des âmes, par des œuvres extérieures dont doit bénéficier toute la vie humaine; enfin, sacrifiant sa propre vie pour ceux qu'il aimait.

Modèle de notre amour, il le consomme par sa grâce. « Sans moi, dit-il, vous ne pouvez rien faire. — Mais venez à moi, vous tous qui voulez entreprendre le saint travail de la charité et porter le fardeau des misères humaines, venez dans mon Cœur, je vous donnerai des forces. — Et alors vous pourrez accomplir le commandement d'aimer comme je vous ai aimés. »

Entendez-vous, mes frères, Jésus veut nous faire aimer comme il a aimé ! — Il a aimé tous les hommes, mais, après l'amour du Père très saint dont il honorait la majesté, et dont il apaisait la justice, trois amours ont fait battre plus vivement et plus tendrement son cœur : l'amour de l'Église, l'amour des enfants, l'amour des petits et des malheureux.

Sa chère Église, il l'a aimée comme l'époux aime son épouse. Il s'est livré pour elle, dit l'Apôtre, afin de la purifier, de la rendre belle, glorieuse, sainte et sans tache ; il l'a soutenue, jusqu'ici, sur l'inébranlable fondement de son humanité sainte ; il a promis de demeurer avec elle jusqu'à la consommation des siècles, et pour les jours de la grande tribulation que nous traversons il lui a révélé toutes les richesses de son Cœur.

Les enfants, il les a attirés à lui, il les a bénis et pressés tendrement dans ses bras, il les a comparés aux anges du ciel, il les a couverts de sa protection, il leur a fait un rempart de ses anathèmes : « Malheur à celui qui les scandalise ! Il vaudrait mieux qu'on lui attachât une pierre au cou et qu'on le jetât au fond de la mer. »

Les petits et les malheureux, il leur a fait une place de choix dans ses affections et ses largesses ; il les a admis dans sa noble compagnie ; il leur a permis de douces et saintes familiarités ; il s'est humilié devant eux ; il les a servis ; il a vécu de leur vie ; il a transfiguré leurs infirmités et leurs misères, en faisant comme des sacrements, en chair et en os, de sa personne adorable, et voulant recevoir, par une appropriation mystérieuse, tout le bien qui leur est destiné. « En vérité, je vous le dis, tout ce que vous faites à mes petits frères, les pauvres et les malheureux, c'est à moi que vous le faites : *Amen, dico vobis, quamdiu fecistis uni ex his fratribus meis minimis, mihi fecistis.* »

Voilà, mes frères, les grands amours du cœur de Jésus ! Et maintenant, inspirés, dirigés, fortifiés par le roi d'amour, ne voulez-vous pas aimer comme lui ce qu'il a aimé ?

L'Église, son épouse et votre mère, souffre de la haine des impies : Aimez-la de tout votre cœur et de toutes vos forces. Consolez sa tristesse par votre fidélité, réjouissez son cœur maternel par vos vertus, soyez autour d'elle comme aux jours de ses premières tribulations, « un seul cœur et une seule âme, » mus par la même pensée, la même affection, le même désir de faire triompher sa sainte cause contre les entreprises haineuses des sectaires. Gardez-vous de ces préoccupations, de ces ambitions, de ces entêtements de partis, qui désagrègent les forces des mieux intentionnés. Levez-vous comme un seul homme lorsque l'Église vous crie : A moi, mes enfants ! Priez pour votre mère ; soyez l'apologie vivante de sa sainteté ; secourez ses ministres persécutés, et faites comprendre à l'opinion publique qu'il y a encore une France religieuse ; que l'honneur de cette France est intimement lié à l'honneur de l'Église ; qu'aimer l'Église, c'est aimer la France dans l'universelle et pure gloire des services qui lui ont mérité le nom de très chrétienne.

L'enfance est menacée dans le plus grand bien qu'elle puisse recevoir de la société : le bien de la religion. Aimez les enfants. Préservez leurs chères âmes des périls d'une neutralité scolaire funeste à la foi de leur baptême. Instruisez-les, faites-les instruire ; donnez-leur des écoles dont la porte est ouverte à toutes les influences de la religion, où l'on est affranchi de l'obligation de se taire sur le chapitre le plus important des connaissances humaines, où l'on peut parler de Dieu, des vérités de la foi, des devoirs du chrétien et de ses destinées éternelles, où l'on supplée à l'impuissance, où l'on représente les droits, où l'on continue la religieuse mission des chefs de famille. Préparez à l'avenir des générations chrétiennes qui, mises en présence de celles que la libre-pensée aura jetées sur le chemin de tous les vices, arracheront aux laïcisateurs de l'enseignement un regret et cet aveu : « *Ergo erravimus* : Nous nous sommes trompés. »

Aimez, enfin, mes frères, les petits et les malheureux. Au contact du Cœur de Jésus, purifiez-vous de l'égoïsme du siècle qui, peut-être, a sourdement envahi vos âmes. Soyez prompts et généreux à toutes les œuvres de charité qui ont pour but de soulager la misère des pauvres gens. Ne vous contentez pas de ces aumônes qui entament à peine votre superflu, mais ouvrez largement vos mains libérales, plus largement encore vos cœurs, afin qu'on y voie de ces tendresses et de ces attentions délicates, de ces dévouements qui touchent les malheureux plus que tous les dons.

Ayez pitié de la grande armée des travailleurs en faveur desquels le Père de la chrétienté vient de faire entendre au nom du Christ sa voix souveraine. Vous, Messieurs, qui comprenez le devoir et vous sentez le courage d'intervenir dans la question sociale, allez au-devant de ce prolétariat gémissant qui demande justice. Arrachez-le aux séductions de ceux qui lui promettent la justice par la violence, et promettez-lui la justice par l'amour. Montrez-lui que vos cœurs évangéliques, formés à l'école d'un cœur divin, ont faim et soif de cette justice, et que l'amour des droits de l'homme de labeur n'est pas moins profond dans vos âmes que la pitié pour ses souffrances. Revendiquez ces droits : droit au juste salaire qui assure l'existence, droit aux compensations qui réparent les accidents du travail, droit aux ménagements qui épargnent la faiblesse de l'âge et du sexe, droit au repos qui prévient l'épuisement des forces, droit aux trêves sacrées qui les renouvellent, et permettent à l'ouvrier d'accomplir ses devoirs religieux et de jouir de l'intimité du foyer, droit aux libres associations qui le retirent d'un isolement funeste, le protègent contre une exploitation criminelle de son temps et de ses forces, recueillent son épargne et lui garantissent des secours pour les tristes jours du chômage et de la maladie.

Et pendant que vous revendiquerez ces droits d'en bas, appliquez-vous, Messieurs, à faire capituler, par vos conseils, vos prières, vos représentations résolues, vos démarches auprès du pouvoir, vos généreux exemples, les convoitises d'en haut, et à diminuer les parts de lion que s'attribue le capital dans les fruits du travail. Préparez une entente bienveillante et pacifique des travailleurs avec ceux qui emploient leurs services, dans une juste chartre de leurs droits et de leurs devoirs réciproques. La justice toute seule n'aboutira jamais à cette entente, mais tout est possible à l'amour, surtout quand cet amour prend sa source dans un Cœur divin.

Cœur Sacré de Jésus, Cœur du roi d'amour, c'est de vous que nous attendons le remède à la haine et à l'égoïsme qui nous divisent et nous décomposent; c'est par la pénétration de votre immense charité dans tous les cœurs, à travers les cœurs fidèles qui se consacrent à votre culte, que se fera l'union désirée en laquelle la France, réconciliée avec la justice de Dieu, trouvera son salut et sa régénération.

Voilà ce que vous demande ce temple votif, palais de votre amour : voilà notre espoir. Et alors qu'importent la haine, le mépris et les menaces des peuples ennemis qui nous entourent. Vous saurez bien nous protéger contre leurs aggressions, s'il leur prend envie de tâter nos forces.

Il y a quelques années, un général, illustre serviteur de l'Église et de la France, venait d'assister à la messe célébrée pour la première fois entre les murs inachevés de ce temple. Je m'entretenais avec lui de nos malheurs passés et lui exprimais mes craintes pour l'avenir. Mais lui, plein de foi, me rappelle notre vœu national, et me montrant l'église, qui bientôt allait atteindre la hauteur de ses voûtes : « Voilà qui nous sauvera, dit-il; croyez bien, mon père, que Dieu ne laisse pas faire de si belles choses pour le roi de Prusse. »

Eh ! non. C'est pour un autre roi que nous avons travaillé : le roi d'amour, Jésus-Christ Notre-Seigneur et

Maître ; c'est pour lui que nous travaillerons encore. La France vous remercie, Éminentissime Seigneur, du zèle avec lequel vous avez poursuivi l'œuvre de votre vénérable et bien-aimé prédécesseur. Dirigé par vos conseils, encouragé par vos bénédictions, le comité de l'Œuvre du Vœu national a pu recueillir régulièrement les aumônes que l'infatigable générosité des fidèles de toutes les classes envoyait chaque année au roi Jésus. Son palais n'a pas encore toute sa splendeur, mais dès aujourd'hui il veut prendre possession de son trône et il appelle la France à son lit de grâce, de miséricorde et d'amour. La France y viendra tout entière. Elle y est déjà représentée dans toutes les chapelles où le clergé, les ordres religieux, l'armée, la magistrature, les sciences, les arts, le travail, la pauvreté elle-même ont installé leurs patrons. Mais bientôt la sainte colline sera envahie par la foule des pèlerins qui viendront de tout le beau pays de France offrir leurs hommages au Cœur de Jésus. Montmartre sera « la montagne de Dieu, la montagne fertile, la montagne où la grâce s'entasse, la montagne où le Seigneur se plaît à habiter : *Mons Dei, mons pinguis, mons coagulatus, mons in quo beneplacitum est Deo habitare in eo.* » Vous y avez déjà amené vos diocèses, Messeigneurs. Votre intelligente piété et votre patriotisme sauront bien recruter encore des armées de pèlerins enthousiastes et fervents, qui viendront, sous votre conduite, renouveler ici notre vœu national : *Christo ejusque Sacratissimo Cordi Gallia pœnitens et devota.* Tous les âges, toutes les classes de la société, toutes les familles chrétiennes voudront se faire bénir par le roi d'amour, jusqu'au jour, qui viendra je l'espère, où la France officielle elle-même se consacrera à son culte et à son service, et lui adressera solennellement cette prière de l'humble et sainte fille qui nous a révélé la dévotion au Sacré Cœur.

« Nous, chrétiens et Français, nous nous vouons et
« consacrons au Sacré Cœur de Notre-Seigneur Jésus-
« Christ : nos personnes, nos vies, nos actions, nos

« peines, nos souffrances, nos biens, nos affaires, nos ins-
« titutions, nos lois. tout notre pays, voulant qu'il n'y ait
« rien en nous et de nous qui ne soit employé à le glori-
« fier, à le bénir, à l'aimer et à le servir. C'est ici notre
« dessein irrévocable que nous soyons tous à lui, que nous
« fassions tout pour son amour et que nous évitions
« de tout notre cœur ce qui peut lui déplaire. Cœur
« Sacré de Jésus, nous nous donnons à vous afin que vous
« soyez le soutien de notre faiblesse, notre secours dans
« l'adversité, le consolateur de nos peines, le réparateur
« de nos maux de l'âme et du corps, le Sauveur de la pa-
« trie et l'assurance de notre éternel salut. Soyez notre
« justification auprès de votre divin Père, et détournez
« de nous les traits de sa juste colère. Nous mettons
« toute notre confiance en vous, car nous craignons tout
« de notre faiblesse et de notre malice et nous espérons
« tout de votre bonté ! Consumez donc en nous ce qui peut
« vous déplaire, et faites-nous entrer si profondément en
« vous que nous ne puissions jamais vous oublier ni nous
« séparer de vous, car nous voulons faire consister notre
« gloire et notre bonheur à vivre et à mourir en qualité
« de vos esclaves. Cœur de Jésus, à vous nos âmes, à vous
« nos familles, à vous nos villes et nos provinces, à vous
« la France pour toujours. Amen ! Amen ! Amen ! »

PARIS. — IMP. V. GOUPY ET JOURDAN, 71, RUE DE RENNES.